DÉSIGNATION

PLANCHES GRAVÉES & LITHOGRAPHIÉES

GRAVURES MANIÈRE NOIRE

1. **Boissy d'Anglas.** 1 planche gravée par Maïle, d'après Vinchon.

> Hauteur du dessin : 0m65 sur 1m en longueur.

> 8 épreuves.

2. **Lamartine** (portrait de).

> Planche à l'eau forte à clair voie.
> Ce portrait à mi-corps convient pour toutes les éditions in-8°.

> 15 épreuves.

LITHOGRAPHIES

3. **Châteaux de la vallée de la Loire.**

> 100 pierres dessinées et lithographiées par Victor Petit.
> 100 *id.* pour les teintes.

> En tout 200 pierres 12/16.

> 3,000 épreuves sur papier *blanc*.
> 400 — — Chine.
> 450 exemplaires texte.
> 614 — table et avant-titre.
> Clichés du texte et des tables.

> Nota. — Les avant-titres seuls ne sont pas clichés.

> *Chez M. Becquet.*

4. **Architecture pittoresque.**

> 101 pierres dessinées et lithographiées par Victor Petit.
> 101 *id.* pour les teintes.

> En tout 202 pierres 10/12.

> 2,800 épreuves.

> *Chez M. Bécquet.*

5. **Petits bouquets** dessinés par Redouté et lithographiés par divers artistes.

> 84 pierres 10/12.

> 1,700 épreuves en noir.
> 400 — en couleur.

> *Chez MM. Lemercier.*

6. **Croquis de fleurs** dessinés et lithographiés par Pascal.
100 pierres 10/12.

2,200 épreuves en noir.
450 — en couleur.

Chez MM. Lemercier.

7. **Fleurs et fruits** dessinés et lithographiés par Pascal.
92 pierres 10/12.

2,000 épreuves en noir.
400 — en couleur.

Chez MM. Lemercier.

8. **Grands bouquets** dessinés et lithographiés par Pascal.
12 pierres 12/16.

60 épreuves en noir.
50 — en couleur.

Chez MM. Lemercier.

9. **Matériaux du jeune Artiste.** Pierres dessinées et lithographiées par MM. Carrière, Gaildrau, Rivière et autres, représentant des figures, des paysages, des marines et sujets divers.

En tout 30 pierres dessinées dont :
22 format 16/20.
8 — 16/22.

700 épreuves en noir.

Chez MM. Lemercier et Becquet.

Estampes gravées au burin, lithographies en noir et coloriées, études, natures mortes, photographies.

Livres à vignettes pour l'illustration des *Contes de La Fontaine,* pour l'édition Cazin et autres, par Monnet, Duplessis-Bertaux, Desenne ; pour *Voltaire,* par Moreau le jeune ; pour l'*Ancien* et le *Nouveau Testament,* par Marillier et Moreau. Portraits de personnages célèbres, par Desenne.

Livres d'architecture : Les *Châteaux de Fontainebleau et d'Anet,* par Pfnor. L'*Ornementation des appartements,* par M. H. Destailleur.

Grand nombre d'albums reliés et brochés, etc.

Paris. — Typ. G. Chamerot, 19, rue des Saints-Pères. — 7731

VENTE

PAR CESSATION DE COMMERCE

NOTICE

DES

PLANCHES GRAVÉES & LITHOGRAPHIÉES

ESTAMPES AU BURIN, LITHOGRAPHIES EN NOIR ET COLORIÉES

GRAVURES ENCADRÉES, PHOTOGRAPHIES

LIVRES A FIGURES, ARCHITECTURE, ETC., ETC.

Composant le fond d'éditeur-marchand d'estampes de

M. Ch. BOIVIN

3, rue de Valois

Dont la vente aux enchères publiques aura lieu

HOTEL DES COMMISSAIRES-PRISEURS

Rue Drouot, 5

SALLE Nᵒ 4 (AU 1ᵉʳ ÉTAGE)

Le Samedi 15 février 1879

A DEUX HEURES PRÉCISES

Par le ministère de Mᵉ **Maurice DELESTRE**, commissaire-priseur,

27, RUE DROUOT, 27

Assisté de MM. **DANLOS** fils et **DELISLE**, marchands d'estampes.

15, QUAI MALAQUAIS, 15

CONDITIONS DE LA VENTE

Elle aura lieu au comptant.

Les acquéreurs paieront 5 p. 0/0 en sus des enchères.

Les planches et pierres seront vendues dans l'état où elles se trouvent présentement déposées chez MM. les Imprimeurs chargés de l'impression, lesquels en feront la remise dans les vingt-quatre heures qui suivront l'adjudication sur le vu du bulletin d'acquisition délivré par M. le Commissaire-priseur chargé de la vente. Ce délai passé, le vendeur n'est plus responsable pour quelque cause que ce soit, de même qu'aucune réclamation ne serait admise après l'adjudication.

Le prix d'adjudication ne comprendra que la valeur de la planche, de la pierre, du dessin et de la pierre de teintes, si le dessin est à teintes.

Les acquéreurs auront la faculté de prendre les tirages en noir et en couleur au prix d'impression et de coloris. Ils devront en faire la déclaration immédiatement après l'adjudication. (Il ne sera fait exception que pour les Châteaux de la Loire, dont ils devront prendre les *clichés* et le *texte*).

VENTE

PAR CESSATION DE COMMERCE

NOTICE

DES

PLANCHES GRAVÉES & LITHOGRAPHIÉES

ESTAMPES AU BURIN, LITHOGRAPHIES EN NOIR ET COLORIÉES

GRAVURES ENCADRÉES, PHOTOGRAPHIES

LIVRES A FIGURES, ARCHITECTURE, ETC., ETC.

Composant le fond d'éditeur-marchand d'estampes de

M. Ch. BOIVIN

3, rue de Valois

Dont la vente aux enchères publiques aura lieu

HOTEL DES COMMISSAIRES-PRISEURS

Rue Drouot, 5

SALLE N° 4 (AU 1ᵉʳ ÉTAGE)

Le Samedi 15 février 1879

A DEUX HEURES PRÉCISES

Par le ministère de Mᵉ **Maurice DELESTRE**, commissaire-priseur,

27, RUE DROUOT, 27

Assisté de MM. **DANLOS** fils et **DELISLE**, marchands d'estampes.

15, QUAI MALAQUAIS, 15

CONDITIONS DE LA VENTE

Elle aura lieu au comptant.

Les acquéreurs paieront 5 p. 0/0 en sus des enchères.

Les planches et pierres seront vendues dans l'état où elles se trouvent présentement déposées chez MM. les Imprimeurs chargés de l'impression, lesquels en feront la remise dans les vingt-quatre heures qui suivront l'adjudication sur le vu du bulletin d'acquisition délivré par M. le Commissaire-priseur chargé de la vente. Ce délai passé, le vendeur n'est plus responsable pour quelque cause que ce soit, de même qu'aucune réclamation ne serait admise après l'adjudication.

Le prix d'adjudication ne comprendra que la valeur de la planche, de la pierre, du dessin et de la pierre de teintes, si le dessin est à teintes.

Les acquéreurs auront la faculté de prendre les tirages en noir et en couleur au prix d'impression et de coloris. Ils devront en faire la déclaration immédiatement après l'adjudication. (Il ne sera fait exception que pour les Châteaux de la Loire, dont ils devront prendre les *clichés* et le *texte*).

DÉSIGNATION

PLANCHES GRAVÉES & LITHOGRAPHIÉES

GRAVURES MANIÈRE NOIRE

1. **Boissy d'Anglas.** 1 planche gravée par Maïle, d'après Vinchon.

> Hauteur du dessin : 0ᵐ65 sur 1ᵐ en longueur.
>
> 8 épreuves.

2. **Lamartine** (portrait de).

> Planche à l'eau forte à clair voie.
> Ce portrait à mi-corps convient pour toutes les éditions in-8°.
>
> 15 épreuves.

LITHOGRAPHIES

3. **Châteaux de la vallée de la Loire.**

> 100 pierres dessinées et lithographiées par Victor Petit.
> 100 *id.* pour les teintes.
> En tout 200 pierres 12/16.
>
> 3,000 épreuves sur papier *blanc.*
> 400 — — Chine.
> 450 exemplaires texte.
> 614 — table et avant-titre.
> Clichés du texte et des tables.
>
> Noᴛᴀ.— Les avant-titres seûls ne sont pas clichés.
>
> *Chez M. Becquet.*

4. **Architecture pittoresque.**

> 101 pierres dessinées et lithographiées par Victor Petit.
> 101 *id.* pour les teintes.
> En tout 202 pierres 10/12.
>
> 2,800 épreuves.
>
> *Chez M. Becquet.*

5. **Petits bouquets** dessinés par Redouté et lithographiés par divers artistes.

> 84 pierres 10/12.
>
> 1,700 épreuves en noir.
> 400 — en couleur.
>
> *Chez MM. Lemercier.*

6. **Croquis de fleurs** dessinés et lithographiés par Pascal.
100 pierres 10/12.

2,200 épreuves en noir.
450 — en couleur.

Chez MM. Lemercier.

7. **Fleurs et fruits** dessinés et lithographiés par Pascal.
92 pierres 10/12.

2,000 épreuves en noir.
400 — en couleur.

Chez MM. Lemercier.

8. **Grands bouquets** dessinés et lithographiés par Pascal.
12 pierres 12/16.

60 épreuves en noir.
50 — en couleur.

Chez MM. Lemercier.

9. **Matériaux du jeune Artiste.** Pierres dessinées et lithographiées par MM. Carrière, Gaildrau, Rivière et autres, représentant des figures, des paysages, des marines et sujets divers.

En tout 30 pierres dessinées dont :
22 format 16/20.
8 — 16/22.

700 épreuves en noir.

Chez MM. Lemercier et Becquet.

Estampes gravées au burin, lithographies en noir et coloriées, études, natures mortes, photographies.

Livres à vignettes pour l'illustration des *Contes de La Fontaine*, pour l'édition Cazin et autres, par Monnet, Duplessis-Bertaux, Desenne ; pour *Voltaire*, par Moreau le jeune ; pour l'*Ancien* et le *Nouveau Testament*, par Marillier et Moreau. Portraits de personnages célèbres, par Desenne.

Livres d'architecture : Les *Châteaux de Fontainebleau et d'Anet*, par Pfnor. L'*Ornementation des appartements*, par M. H. Destailleur.

Grand nombre d'albums reliés et brochés, etc.

Paris. — Typ. G. Chamerot, 19, rue des Saints-Pères. — 7731

CATALOGUE

D'UN TRÈS-BEAU CHOIX

D'ESTAMPES

ÉCOLE FRANÇAISE DU XVIIIE SIÈCLE

PIÈCES IMPRIMÉES EN NOIR ET EN COULEURS

PAR ET D'APRÈS

BAUDOUIN, FRAGONARD, FREUDEBERG, LAWREINCE, MOREAU,
SAINT-AUBIN, DEBUCOURT, JANINET, ETC.

dont la vente aux enchères publiques aura lieu

Hôtel des commissaires - priseurs, rue Drouot, 5

SALLE N° 4, AU 1ᵉʳ ÉTAGE

Les Lundi 10 et Mardi 11 Mars 1879,

A UNE HEURE ET DEMIE PRÉCISE.

Par le ministère de Mᵉ **MAURICE DELESTRE**, commissaire-priseur

RUE DROUOT, 27

Assisté de **MM. DANLOS** Fils et **DELISLE**, marchands d'estampes

QUAI MALAQUAIS, 15.

EXPOSITION PUBLIQUE

LE DIMANCHE 9 MARS 1879, DE 2 A 5 HEURES.

CONDITIONS DE LA VENTE

—

Elle sera faite au comptant.

Les acquéreurs paieront cinq pour cent en sus des adjudications.

MM. Danlos fils et Delisle, chargés de la vente, se réservent la faculté de rassembler ou diviser les lots.

———

ORDRE DES VACATIONS

—

Première vacation : *lundi* 10 *mars.* . Nᵒˢ 1 à 290.
Deuxième vacation : *mardi* 11 *mars.* . . 291 à la fin.

DÉSIGNATION

ANONYMES.

1. Le Bât. (Pour les Contes de la Fontaine.)
   Très-belle épreuve d'une jolie pièce.

2. Le Sommeil interrompu.
   Très-belle épreuve avec une très-grande marge.

3. Les Chanteurs des boulevards. Petite pièce curieuse de forme ovale.
   Très-belle épreuve avec marge.

4. Portrait de Mme Lebrun, vue en pied, assise et jouant d'un instrument de musique qu'elle tient sur ses genoux.
   Jolie petite pièce gravée à l'eau-forte.

AUBERT (d'après).

5. Le Billet doux, par Cl. Duflos.
   Très-belle épreuve avec marge.

AUBRY (d'après E).

6. La Bonté maternelle, par Blot.
   Très-belle épreuve avant toutes lettres. Grande marge.

7. L'Heureuse Nouvelle, par J.-B. Simonet.
   Superbe épreuve avant la lettre. Très-grande marge.

BALTAZARD (d'après).

8. Les Deux Façons de penser, par Voder.
   Très-belle épreuve avec marge.

BARTOLOZZI (F.).

9. Elisabeth (Ph.-M^{le}-H^{tte} de France), d'après Guiard. Le
   même personnage, par un anonyme. Deux portraits
   in-8.
   Très-belles épreuves.

BAUDOUIN (d'après P.-A.).

10. Les Amants surpris, par Harleston. (E. B. 4.)
    Très-belle et très-rare épreuve avant toutes lettres. (État non
    décrit.)

11. L'Amour à l'épreuve, par Beauvarlet. (E. B. 5.)
    Belle épreuve avant le changement.

12. L'Amour frivole, par Beauvarlet. (E. B. 6.)
    Très-belle épreuve avant l'adresse de Marel. Grande marge.

13. Les Amours champêtres, par Harleston. (E. B. 8.)
    Très-belle épreuve.

14. Annette et Lubin, par N. Ponce. (E. B. 9.)
    Très-belle épreuve.

15. Le Carquois épuisé, par N. de Launay. (E. B. 11.)
    Superbe épreuve avec une très-grande marge.

16. Le Chemin de la fortune, par Voyez l'aîné. (E. B. 14.)
    Très-belle épreuve avec une très-grande marge. Rare.

17. Le Couché de la mariée, gravé à l'eau-forte par J.-M.
    Moreau et terminé par Simonet. (E. B. 16.)
    Très-belle épreuve avec marge,

18. Le Curieux, par Malœuvre. (E. B. 17.)
    Très-belle épreuve avant le mot *déposé* au-dessous de
    l'adresse de l'auteur. Toute marge.

19. Le Danger du tête-à-tête, par Simonet. (E. B. 18.)
    Très-belle et rare épreuve avant la lettre. Marge.

20. L'Enlèvement nocturne, par N. Poncé. (E. B. 20.) —
    Très-belle épreuve avant les changements dans l'adresse de
    l'auteur. Grande marge.

21. *Jusque dans la moindre chose....*, par Masquelier (E. B.
    27.)
    Très-belle épreuve avec une grande marge.

22. Le Léger Vêtement, par Chevillet. (E. B. 28.
    Très-belle épreuve.

23. Marchez tout doux, parlez tout bas, par P.-P. Choffard.
    (E. B. 30.)
    Très-belle épreuve avec toute sa marge.

24. Le Modèle honnête, par J.-B. Simonet. (E. 34.) —
    Superbe et rare épreuve avant les armes et avant la dédicace.
    Très-grande marge.

25. La même estampe.
    Très-belle épreuve avec une très-grande marge.

26. Perrette, par Gutenberg. (E. B. 36.)
    Belle épreuve.

27. Le Poète Anacréon, par N. de Launay. (E. B. 38.)
    Très-belle épreuve du 3ᵐᵉ des cinq états décrits, avant que
    l'adresse de N. de Launay ait été remplacée par celle de son
    frère.

28. La Rencontre dangereuse, par Le Veau. (E. B. 40.)
    Très-belle épreuve.

29. Rose et Colas, par Simonet. (E. B. 42.)
    Superbe et rare épreuve d'un état non décrit, intermédiaire
    entre le deuxième et le troisième. Elle est avant les mots : *gravé
    d'après le tableau, etc.*, et avant l'adresse de Basan et Poignant.

30. La même estampe.
    Très-belle épreuve avec toute sa marge.

31. Sa Taille est ravissante, par Le Beau. (E. B. 43.) —
    Très-belle épreuve avec une grande marge. Rare.

32. La Sentinelle en défaut, par N. de Launay. (E. B. 44.) —
    Très-belle épreuve.

33. Le même sujet.

Belle épreuve d'une petite réduction de forme ovale, gravée en contre-partie et avec de nombreux changements.

34. Les Soins tardifs, par N. de Launay. (E. B. 45.)

Très-belle épreuve.

35. La Soirée des Thuileries, par Simonet. (E. B. 47.)

Très-belle épreuve avec toute sa marge.

36. Le Lever, pièce de forme ovale en contre-partie de l'estampe gravée par Massard.

Très-belle épreuve remargée. Rare.

BERTAUX (Duplessis-).

37. Répertoire du Théâtre-Français.

Très-belle et très-rare épreuve avant toutes lettres et avec les médaillons de la bordure blancs.

38. La même estampe.

Belle épreuve avec le nom de l'artiste, avec les noms de Molière, Corneille, etc. dans les médaillons de la bordure et avec la désignation, dans le cartouche, des pièces jouées du mardi 20 février 1816 au lundi 26 du même mois. Les inscriptions sont mi-parties manuscrites, mi-parties imprimées.

39. Autre Répertoire du Théâtre-Français. Cartouche orne-menté renfermant 16 vignettes représentant les scènes principales des pièces jouées chaque jour de la semaine.

Très-belle et très-rare épreuve avant toutes lettres autres que celles des jours de la semaine et du nom de l'artiste.

40. La même estampe.

Très-belle épreuve avec les titres des pièces jouées et l'adresse de Benard. Toute marge.

BERTAUX (d'après J.).

41. La Marchande d'herbes. — La Marchande de marrons.

Deux jolies pièces faisant pendants, gravées par Auvray.

Très-belles épreuves.

BINET (d'après).

42. La Nourrice élégante. — Le Plaisir de la pêche. Deux
jolies pièces gravées par Dugast et Borgnet.
Très-belles épreuves.

BOILLY (d'après L.).

43. Avant la Toilette, par A. Legrand.
Très-belle épreuve avec une grande marge.

44. Le Cadeau délicat, par Tresca.
Très-belle épreuve avec marge.

45. Défends-moi, par Petit.
Très-belle épreuve.

46. L'Étude de la musique.
Très-belle épreuve. Rare.

47. Le Marchand de poissons et la Marchande d'œufs, gravé
par Levilly.
Très-belle épreuve avant la lettre.

48. Prélude de Nina, par Chaponnier.
Très-belle épreuve avec toute sa marge.

49. La Serinette, par Honoré.
Très-belle épreuve.

50. Tu mens, par Petit.
Belle épreuve.

51. On nous voit. — La Leçon d'union conjugale. Deux pièces
gravées par Petit.
Belles épreuves.

52. Tu sauras ma pensée, par Petit.
Très-belle épreuve.

53. La Surprise agréable, gravé à la manière noire par
Mixelle.
Très-belle épreuve avec marge.

54. L'Amusement de la campagne. — La Jardinière. — La
Solitude. Trois pièces, gravées par Tresca.
Très-belles épreuves, la dernière a une grande marge.

BOREL (d'après).

55. L'Indiscret, par Dequevauviller.

> Contre-épreuve d'une épreuve à l'état d'eau-forte. Remargée.

56. Le Don intéressé. — La Morale inutile. Deux pièces faisant pendants, gravées par Voysard.

> Très-belles épreuves avec marges.

57. Il était temps, par Hemery.

> Très-belle épreuve.

58. Les Engeoleurs (scène de racolement). Pièce gravée à la manière noire par un anonyme.

> Belle épreuve.

59. Le Maréchal de Logis, par Voysard.

> Très-belle épreuve avant la dédicace. Marge.

60. J'y passerai, par R. de Launay.

> Très-belle épreuve avec une très-grande marge.

61. L'Innocence en danger, par Huot.

> Superbe et rare épreuve avant la dédicace. Toute marge.

62. Le Voilà fait, par Huot. La scène se passe dans le jardin du Palais-Royal vers 1790. Pièce très-intéressante, comme costumes et scènes de mœurs.

> Très-belle épreuve avec une grande marge.

63. Vous avez la clef... mais il a trouvé la serrure, par Anselin.

> Très-belle épreuve avant la dédicace, sans marge.

64. La même estampe.

> Très-belle épreuve avec une très-grande marge.

65. La Faute est faite, permettez qu'il la répare, par Anselin.

> Très-belle épreuve avant la dédicace, sans marge.

66. La même estampe.

> Très-belle épreuve, toute marge.

BOSE (d'après).

67. Louis XVI, roi de France. — Marie-Antoinette, reine de France, sa femme. Deux portraits in-4 de forme ovale, faisant pendants ; gravés au pointillé par Canu.
Très-belles épreuves.

BOUCHER (d'après F.).

68. Les Petits buveurs de lait, gravé à l'eau-forte par Mme de Pompadour.
Très-belle épreuve.

69. L'Attention dangereuse, par Dennel.
Très-belle épreuve avant toutes lettres.

70. Le Départ du courrier. — Le Retour du courrier. Deux pièces faisant pendants, gravées par Beauvarlet.
Superbes épreuves avant toutes lettres et avec de grandes marges. Très-rares à rencontrer en aussi belle condition.

BOUILLARD.

71. Élisabeth (Ph.-M^{ie}-H^{tte} de France), d'après le tableau de Me Guiard. Gr. in-4.
Très-belle épreuve avec toute sa marge.

BOVINET.

72. Un Salon sous le Directoire. Petite pièce très-intéressante, comme costumes.
Très-belle épreuve avant la lettre.

CARESME (d'après P.-H.).

73. Bacchanale, par Hemery.
Très-belle épreuve avant la lettre. Grande marge.

74. Honny soit qui mal y pense, par Hubert.
Très-belle et rare épreuve avant toutes lettres.

75. Le Réveil du carlin, par Carré.
Très-belle épreuve avec marge.

76. Le Refus inutile, par Flipart.
Très-belle épreuve avec marge.

CASTELLAS (d'après Mlle.).

77. La Tourterelle chérie. — Le Petit Favori. Deux pièces faisant pendants, gravées par Voyez le jeune.
Très-belles épreuves avec de très-grandes marges.

CHALLE (d'après M.-A.).

78. Les Appas multipliés, par Dennel.
Superbe épreuvé avant toutes lettres. Rare.

79. L'Adroite confidente, par Vionnet.
Très-belle épreuve avec une très-grande marge. Rare.

81. La Défaite, par Marchand.
Très-belle épreuve.

82. Le Fidèle Indiscret, par Gaillard.
Belle épreuve.

83. Finissez, par Marchand.
Très-belle épreuve avec marge.

84. Le Modèle bien disposé, par Chaponnier.
Très-belle épreuve avant la lettre.

85. *The officious waiting woman*, par Chaponnier
Très-belle épreuve.

86. La Ruelle, par Malapeau.
Superbe épreuve avant toutes lettres et avant la chemise rallongée. Rare.

87. La même estampe.
Très-belle épreuve avant les noms des artistes et avant la chemise rallongée.

CHARDIN (d'après J.-B.-S.).

88. Les Tours de cartes, par P.-L. Surugue fils. (E. B. 51.)
Superbe épreuve avec toute sa marge.

CHARLIER et DUGOURE (d'après).

89. Un Tendre Engagement va plus loin qu'on ne pense. — — Achève ton ouvrage, n'oublie pas la dernière. Deux pièces faisant pendants, gravées par Elluin.
Très-belles épreuves avant la lettre, grandes marges.

CHRÉTIEN et QUENEDEY.

90. Madame Levaillant, née de Noov, depuis dame Chenie.— — Portrait de jeune dame vue de profil. — Portrait d'officier vu de profil. Trois pièces gravées au physionotraste d'après Fouquet.
Très-belles épreuves. Les deux premières ont de grandes marges.

COCHIN (C.-N.).

91. Louis XVI. — Marie-Antoinette. Deux pièces faisant pendants. Compositions allégoriques, dans des médaillons ovales ornementés, gravées au burin par de Longueil à l'occasion du mariage du Dauphin. Les eaux-fortes de ces deux planches ont été gravées par A. de Saint-Aubin en 1775. Les bordures sont de l'invention et du dessin de Choffard.
Très-belles épreuves avec de très-grandes marges.

COCLERS (d'après J.-B.).

92. *Aspettare, etc., etc.,* par J.-A. Claessens.
Très-belle épreuve avec marge.

COIFFURES (Pièces sur les).

93. Le Triomphe de la coquetterie.
Très-belle et rare épreuve de la pièce capitale et la plus intéressante de la série. Marge.

94. La Corinthienne. — La Circassienne, etc. Huit petites pièces, médaillons ovales dans des cadres ornementés.
Très-belles épreuves.

95. Coeffure à l'Espoir. — A la Nation. — Aux Charmes de
la liberté. — Sans redoute. Quatre pièces de forme
ovale (Portraits de femmes vues à mi corps) très-
curieuses comme costumes.
Très-belles épreuves avec marges.

COLSON (d'après).

96. Le Repos, par M. Dupuis.
Très-belle épreuve avec une grande marge.

COSWAY (d'après R.).

97. La Princesse Charlotte-Augusta enfant, vue dans son ber-
ceau; gravé par Bartolozzi. In-fol.

COYPEL (d'après Cn.).

98. La Jeunesse sous les habillements de la décrépitude
(portrait de Mme Coypel), gravé par E^{te}-M^{ie} Lépicié.
Très-belle épreuve.

99. Jeu d'enfants, par Lépicié.
Très-belle épreuve.

DANLOUX (d'après).

100. La Surprise agréable, par P.-H. Jouxis.
Très-belle épreuve avant la dédicace. Grande marge.

101. Il m'a tiré l'oreille. — Tant mieux, c'est bien fait. Deux
pièces faisant pendants, gravées par Perré.
Belles épreuves.

DAVESNE (d'après).

102. L'Amant regretté, par Voyez le jeune.
Superbe épreuve avant toutes lettres. Rare.

103. La même estampe.
Très-belle épreuve avec une très-grande marge.

DELORME (d'après).

104. Nécessité n'a point de loi, par Mlle Papavoine.
Belle épreuve.

DESFOSSÉS (d'après).

105. La reine (Marie-Antoinette) annonçant à Mme de Belle-
garde des juges et la liberté de son mari en mai 1777,
gravé par Duclos.
> Très-belle épreuve.

DENON et DORON

106. Le Déjeuner de Ferney. — Le Lever du philosophe de
Ferney. — Mort de M. Pouple, chirurgien de M. de
Voltaire. Trois pièces satiriques sur Voltaire, gravées
par Née, Masquelier et Fessard.
> Très-belles épreuves.

DESNOYERS (A.).

107. Le Délire d'amour, d'après Henry.
> Très-belle épreuve avant toutes lettres. Grande marge.

DESRAIS (d'après C.-L.).

108. Cahier d'arabesques composé en 1789. Suite de quatre
planches gravées par Le Roy.
> Très-belles épreuves avec toutes leurs marges.

109. Le Cirque. Jolie petite pièce très-intéressante pour les
costumes.
> Très-belle épreuve.

110. L'Ornement de l'esprit et du corps, par L. Surugue.
> Très-belle épreuve avec une très-grande marge.

DE TROY (d'après F.).

111. Toilette pour le bal. — Retour du bal. Deux pièces faisant pendants, gravées par Beauvarlet.
> Très-belles épreuves avec les mots : *tiré du cabinet de Mon-
> sieur Prousteau,* etc., lesquels furent effacés dans l'état suivant.
> Très-grandes marges.

DIVERS.

112. Dessus de tabatières, vignettes. Huit pièces dont plusieurs à l'eau-forte.
Belles épreuves.

113. La Fidélité surveillante. — Le Petit Lever. — L'Abandon voluptueux. — Le Satyre impatient. — Les Intrigues amoureuses, etc. Sept pièces.
Très-belles épreuves.

114. Folies de Carnaval. — Vue du Ranelagh. — La Voluptueuse, par A. de Saint-Aubin, d'après Greuze. — Marchande de beignets, etc. Onze pièces.
Très-belles épreuves.

DUCHÉ (d'après).

115. La Chambre à coucher du cœur de Voltaire, gravé par Née.
Très-belle épreuve avant la lettre.

DUCLOS (d'après).

116. Le Bouquet déchiré. — Le Délire. Deux charmantes pièces, faisant pendants, gravées par Deny.
Très-belles épreuves.

DUGOURE (d'après J.-D.).

117. Le Lever de la mariée, par M. Ph. Trière.
Très-belle épreuve avec une très-grande marge.

118. La Poule au pot (trait de bienfaisance de la reine Marie-Antoinette), gravé par F. David.
Très-belle épreuve.

119. Roxelane, par Le Beau.
Très-belle épreuve avec une grande marge.

DUPUIS (C.).

120. Marie-Françoise Perdrigeon (Mme Boucher) en vestale, d'après J. Roux. In-folio.
Très-belle épreuve.

DUTAILLY (d'après).

121. Vue de la Promenade nouvelle à Barcelone, par Gode-
froy fils.
Très-rare épreuve à l'état d'eau-forte. Grande marge.

ÉCOLE ANGLAISE.

122. *Deceitful kisses, or the pretty plunderers.* — Curieuse pièce
gravée à la manière noire.
Belle épreuve.

EISEN (d'après F.).

123. Amusement de la jeunesse. — L'Amour en ribote. Deux
pièces gravées par N. Dupuis et L. Halbou.
Très-belles épreuves.

124. Le Beau Commissaire. — La Jolie Charlatane. Deux pièces faisant pendants, gravées par L. Halbou.
Très-belles épreuves.

125. La Folie du siècle. Deux pièces faisant pendants, gravées par A. Martinet.
Très-belles épreuves.

126. La Malice enfantine. — Déguisements enfantins. Deux
pièces faisant pendants, gravées par N. Dupuis.
Très-belles épreuves.

127. L'Optique. — L'Espièglerie. Deux pièces faisant pendants, gravées par B.-J. Henriquez.
Très-belles épreuves avec marges.

128. La Sultane reconnaissante, par Macret.
Très-belle épreuve avec marge.

EISEN (d'après Ch.).

129. Les Amusements champêtres. — Les Plaisirs champêtres. Deux pièces faisant pendants, gravées par
de Longueil.
Très-belles épreuves avec toutes leurs marges.

130. Le Bouquet, par Gaillard.
Très-belle épreuve avec une très-grande marge.

131. Concert mécanique, inventé par R. Richard, gravé par de Longueil.
Très-belle épreuve avec le lustre. Grande marge.

132. La même estampe.
Belle épreuve avec le lustre effacé. Grande marge.

133. Le Jour. — La Nuit. Deux pièces faisant pendants, gravées par Patas.
Superbes épreuves avec les essais de burin dans les marges, très-apparents. Très-rares de cette qualité.

134. Les Premiers Aveux. — Le Consentement refusé. Deux pièces faisant pendants, gravées par Dorgez.
Très-belles épreuves avec toutes leurs marges. Rares.

135. Pygmalion, par Caquet.
Très-belle épreuve avant toutes lettres. Rare.

136. La Ramasseuse de cerises, par Juillet.
Très-belle épreuve.

FRAGONARD (H.).

137. L'Armoire (de B. 2).
Très-belle épreuve avant l'adresse de Naudet.

138. Bacchanales. Suite de quatre pièces (de B. 6, 7, 8 et 9).
Belles épreuves avec marges.

FRAGONARD (d'après H.).

139. La Bascule, par Beauvarlet.
Superbe épreuve avant toutes lettres. Très-rare.

140. Le Baiser dangereux, par F. Flipart.
Très-belle épreuve.

141. La Cachette découverte, par R. de Launay.
Très-belle épreuve avec marge.

142. Le Chiffre d'amour, par N. de Launay.
Très-belle épreuve avec toute sa marge.

143. La Coquette fixée, par J. Couché.
Très-belle épreuve.

144. La même estampe.
Belle épreuve avec les figures et les mains tirées en rouge.
Grande marge.

145. La Gimblette, par Bertony.
Très-belle épreuve.

146. L'Instant désiré. — Le Baiser amoureux. Deux pièces
faisant pendants, gravées par un anonyme.
Très-belles épreuves.

147. Les Pétards. — Les Jets d'eau. Deux pièces faisant
pendants, gravées par Auvray.
Très-belles épreuves.

148. Le Pot au lait, par N. Ponce.
Très-belle épreuve.

149. Le Verre d'eau, par N. Ponce.
Belle et ancienne épreuve.

150. Les Beignets, par N. de Launay.
Très-belle épreuve avec toute sa marge.

151. Dites donc, s'il vous plaît, par N. de Launay.
Très-belle épreuve.

152. L'Heureuse Fécondité, par N. de Launay.
Très-belle épreuve avec toute sa marge.

153. L'Innocence inspire la tendresse, par Voisard.
Superbe épreuve avant la dédicace. Toute marge.

154. Le Petit Prédicateur, par N. de Launay.
Très-belle épreuve avec marge.

155. Le Faucon. — Le Magnifique. — On ne s'avise jamais
de tout. — Le Diable de Papefiguière. — Le Paysan
qui a offensé son seigneur. — Le Mari confesseur.
— La Gageure des trois commères. — Le Cocu battu et
content. — A Femme avare galant escroc. — Le
Gascon puni. — Joconde. — Le Glouton. Douze pièces pour l'illustration des Contes de la Fontaine. Les
deux dernières sont d'après Mallet et Touzé.
Très-belles épreuves avec toutes leurs marges.

156. La Fontaine d'amour, par N. Regnault.
Très-belle épreuve.

157. Le Serment d'amour. — La Bonne Mère. Deux pièces faisant pendants, gravées par N. de Launay.
Très-belles épreuves.

158. Le Serment d'amour. Très-jolie réduction en ovale de l'estampe de N. de Launay.
Très-belle épreuve. Rare.

FREUDEBERG (par et d'après S.).

159. La Toilette. Charmante petite pièce gravée à l'eau-forte.
Très-belle épreuve avec marge.

FREUDEBERG (d'après J.).

160. Les Époux curieux. — L'Horoscope accompli. Deux pièces faisant pendants, gravées par Ponce.
Belles épreuves.

161. Le Gage de la fidélité, par Voyez et Mercier.
Très-belle épreuve avant toutes lettres.

162. La Vertu irrésolue, par Ingouf (?).
Très-rare épreuve dans un état d'eau-forte avancé. Les marges sont couvertes de salissures de burin.

163. Le Galant Chirurgien. — L'Instant favorable. Deux pièces gravées par Trière et Voyez.
Belles épreuves. La dernière a une grande marge.

164. La Gaieté conjugale, par N. de Launay.
Très-belle épreuve avec une très-grande marge.

165. La Félicité villageoise, par Delignon.
Très-belle épreuve avec une très-grande marge.

166. Lison dormait, par Trière.
Très-belle épreuve.

167. Le Négociant ambulant, par Ingouf.
Très-belle épreuve avec une très-grande marge.

168. La Petite Famille suisse, gravé à l'eau-forte par Dunker et terminé au burin par Eichler. 1778.
Superbe épreuve avant la lettre. Rare.

169. Le Petit Jour, par N. de Launay.
Superbe épreuve avec une très-grande marge.

170. Le Présent de la fermière, par Feigl.
Superbe épreuve avant toutes lettres. Rare.

171. Le Présent du fermier, par Le Beau.
Belle épreuve avec une grande marge.

172. Portrait de Mlle Raucourt de la Comédie-Française. Sur le socle, dans un cartouche, une vignette représentant une scène de Mithridate. La tête seule est d'après Freudeberg, la vignette est d'après Moreau le jeune, gravé par Lingué.
Très-belle épreuve.

FENOUIL (d'après).

173. Portrait de Mlle Sallé, gravé par Petit. Petit in-fol.
Très-belle épreuve.

GARNIER (d'après M.).

174. Ils sont d'accord, par Mariage.
Très-belle épreuve avec marge.

GAZARD et **COLLIBERT** (d'après).

175. Le Malin Cuisinier. — La Cuisinière Françoise. Deux pièces faisant pendants, gravées par Vidal.
Très-belles épreuves avec de grandes marges.

GÉRARD (d'après Mlle).

176. L'Élève intéressante, par Vidal.
Très-belle épreuve avec une très-grande marge.

177. Les Regrets mérités, par de Launay.
Très-belle épreuve avec une grande marge.

178. Le Triomphe de Minette, par Vidal.
Belle épreuve.

GERMAIN (par et d'après).

179. Journée du 25 juin 1791. Le roi arrivant de Varennes à Paris. Composition animée d'une multitude de figures, d'un grand intérêt historique et des plus curieuses comme costumes.
Très-belle épreuve avec une grande marge.

GRAVELOT (d'après H.).

180. La Petite Galerie du palais, par N. Le Mire. 1762.
Très-belle épreuve avec une grande marge.

181. Le Lecteur, par Gaillard.
Très-rare épreuve à l'état d'eau-forte.

181 *bis*. La même estampe.
Belle épreuve avec marge.

GREUZE (d'après J.-B.).

182. Lubin, par L. Binet.
Superbe épreuve avant toutes lettres. Très-rare.

183. Le Donneur de sérénade, par Moitte.
Très-rare épreuve à l'état d'eau-forte.

184. L'Écureuse, par Beauvarlet.
Très-belle épreuve avec une grande marge.

185. Étude de tête pour la Dame de Charité, gravé par Massard.
Très-belle épreuve.

186. L'Éducation d'un jeune Savoyard, par Aliamet.
Très-rare épreuve à l'état d'eau-forte.

187. La même estampe.
Très-belle épreuve avec marge.

188. L'Enfant gâté, par Maleuvre.
Très-belle épreuve avant la lettre.

189. La Laitière, par J.-C. Levasseur.
Très-belle épreuve.

190. La Pelotonneuse, par L. Cars.
Très-belle épreuve avec toute sa marge.

191. La Privation sensible, par J.-B. Simonet
Très-belle épreuve avant la dédicace. Très-grande marge.

192. Le Ramoneur, par Voyez.
Très-belle épreuve avec toute sa marge.

193. La Rosière de Salency, par Pitèque.
Très-belle épreuve avec une très-grande marge.

194. Le Tendre Désir, par C...
Très-belle épreuve avec une très-grande marge.

195. La Tricoteuse endormie, par Cl. Donat-Jardinier.
Très-belle épreuve avant la lettre.

196. La Voluptueuse, par R. Gaillard.
Très-belle épreuve avec une très-grande marge.

HAMILTON (d'après).

197. Mrs. Frederick, gravé à la manière noire par R. Laurie.
Petit in-fol.
Superbe épreuve avec marge.

HEILMANN (d'après).

198. Le Bon Exemple. — Mademoiselle sa sœur. Deux pièces faisant pendants, gravées par Chevillet.
Très-belles épreuves avec de très-grandes marges.

HILAIR (d'après J.-B.).

199. L'Esclave heureux, par J. Mathieu.
Très-belle épreuve avec marge.

HOGARTH (W.).

200. Après.
Très-belle et rare épreuve avant la lettre.

HOGARTH (d'après W.).

201. Le Mariage à la mode. Suite de six planches gravées par
Scotin, Baron et Ravenet.
Très-belles épreuves.

HOIN (d'après).

202. Le Prélude amoureux. — L'Écueil de la sagesse. Deux
pièces faisant pendants, gravées par de Monchy.
Très-belles épreuves avec de grandes marges.

HUBERT.

203. Louis XV, roi de France, sur le socle la vue de la place
Louis XV. In-8.
Belle épreuve avec toute sa marge.

HUET (d'après J.-B.).

204. Ce qui est bon à prendre est bon à garder, par A. Chaponnier.
Très-belle épreuve avec toute sa marge.

HUMBLOT (par et d'après A.).

205. La Rue Quinquampoix en l'année 1720.
Très-belle épreuve.

IMBERT (d'après F.).

206. La Curieuse, par C.-F. Letellier.
Très-belle épreuve.

JEAURAT (d'après E.).

207. L'Éplucheuse de salade, par Beauvarlet.
Très-belle épreuve avec une grande marge.

208. L'Enlèvement de police. — Déménagement d'un peintre.
Deux pièces faisant pendants, gravées par C. Duflos.
Belles épreuves.

209. La Place des Halles. — La Place Maubert. Deux pièces faisant pendants, gravées par Aliamet.

Très-belles épreuves.

KAUFFMAN (Ang.).

210. La Duchesse de Richmond et sa fille, par Burke.

Superbe épreuve avant la lettre, tirée en bistre. Grande marge.

Lse (d'après le chevalier de).

211. Vues de Trianon. Deux charmantes pièces, gravées par Née.

Très-belles épreuves.

LANCRET (d'après N.).

212. *Trop indolent Tircis, etc.*, par S. Silvestre. (E. B. 82.)

Superbe épreuve avant toutes lettres et avant beaucoup de travaux. Très-rare.

213. Les Quatre âges. Suite de quatre pièces gravées par de Larmessin. (E. B. 1-28-85 et 86.)

Très-belles épreuves avec de grandes marges. La Vieillesse, la seule estampe de la suite où il y ait des différences, est du 1er état, avec l'adresse de Larmessin, laquelle, plus tard, fut remplacée par celle de Larmessin.

LAWREINCE (d'après N.).

214. L'Assemblée au concert. — L'Assemblée au salon. Deux pièces faisant pendants, gravées par Dequevauviller. (E. B. 5 et 6.)

Très-belles épreuves avec toutes leurs marges. Excessivement rares à rencontrer en aussi belle condition.

215. Le Billet doux, par N. de Launay. (E. B. 10.)

Très-belle épreuve avec une très-grande marge.

216. La Consolation de l'absence, par N. de Launay (E. B. 14.)

Superbe épreuve avant les armes et avant toutes lettres autres que les noms des artistes. Très-rare.

217. La même estampe.
    Très-belle épreuve avec marge.

218. Le Contre-Temps, par Dequevauviller. (E. B. 15.)
    Très-belle et rare épreuve du 3ᵉ des six états décrits, avec la première adresse, celle du graveur. Toute marge.

219. Le Coucher des ouvrières en modes, par Dequevauviller. (E. B. 16.)
    Très-belle épreuve avec la première adresse, celle de Dequevauviller, qui plus tard fut remplacée par celle de Bance. Très-grande marge.

220. Le Directeur des toilettes, par Voyez l'aîné. (E. B. 21.)
    Très-belle épreuve avec une très-grande marge.

221. L'Heureux Moment, par N. de Launay. (E. B. 28.)
    Très-belle épreuve avec le nom de Lawrence, écrit *Lavreinsc* et avant la faute au mot *chez*. Toute marge.

222. La Marchande à la toilette, par Vidal. (E. B. 37.)
    Très-belle épreuve.

223. Le Mercure de France, par Gutenberg. (E. B. 38.) (C'est, dit-on, Beaumarchais lisant sa comédie de Figaro.)
    Très-belle épreuve.

224. Les Nymphes scrupuleuses, par Vidal. (E. B. 42.)
    Très-belle épreuve avec marge.

225. Les Nymphes scrupuleuses. Petite réduction de forme ovale et en contre-partie du groupe principal; gravé par un anonyme.

226. Les Offres séduisantes, par J.-H. Delignon. (E. B. 43.)
    Très-belle épreuve avec une très-grande marge.

227. On y va deux. (E. B. 44.) Il n'est plus temps. Deux pièces, faisant pendants, gravées par Benossi. La dernière est d'après Simonau.
    Superbes épreuves du 1ᵉʳ état, avec la première adresse, celle de *Joly*. Tirées en bistre. Très-rares.

228. Qu'en dit l'abbé? par N. de Launay (E. B. 51.)
    Superbe épreuve d'un état non décrit, intermédiaire entre le 2ᵉ et le 3ᵉ. Elle est avant les armes et avant la lettre, mais a les noms des artistes. Excessivement rare.

229. Le Repentir tardif, par Le Villain. (E. B. 52.)
Superbe et très-rare épreuve avant toutes lettres, seulement les noms des artistes tracés à la pointe. Grande marge.

230. La Même estampe.
Très-belle épreuve avec une grande marge.

231. Le Restaurant, par Deni. (E. B. 53.)
Très-belle épreuve avec toute sa marge.

232. Le Roman dangereux, par Helman. (E. B. 56.)
Superbe épreuve avec une grande marge.

233. Les Sabots, par J. Couché. (E. B. 57.)
Belle et rare épreuve avec les figures et les mains imprimées en rouge. Toute marge.

234. Les Soins mérités, par de Launay le jeune. (E. B. 60.)
Très-belle épreuve avec toute sa marge.

235. La Soubrette confidente, par Vidal. (E. B. 61.)
Très-belle épreuve avec marge.

LAWREINCE (d'après N.).

236. Dans un riche intérieur, une soubrette remet à une jeune dame couchée dans son lit et lisant une lettre, une boîte ronde que vient de lui remettre un jeune homme que l'on aperçoit par une porte entre-bâillée.
Très-belle épreuve avant toutes lettres. Très-rare.

LA COMBE et GENILLON (d'après).

237. Vue générale du Pont-Neuf. — Vue du pont de la Tournelle vers 1780. Deux pièces, gravées par Dequevauviller et Niquet.
Très-belles épreuves avec de grandes marges.

LA TOUR (d'après QUENTIN DE).

238. Charles Richer de la Morlière, par Lépicié. In-fol.
Très-belle épreuve avec marge.

LE BARBIER (d'après).

239. Le Mari dupe et content, par Patas.
     Très-belle épreuve avec toute sa marge.

240. Bain public de femmes mahométanes, gravé par R.
     Delaunay.
     Deux épreuves dont l'une est à l'état d'eau-forte.

LE BEAU.

241. La Réalité du plaisir. — La Partie d'œufs frais. Deux
     jolies pièces faisant pendants.
     Très-belles épreuves avec marges.

LE BEAU (à Paris, chez).

242. Conventions de mariage.
     Très-belle épreuve avec un très-grande marge.

LE BEL et LE CLERC (d'après).

243. Le Coup de vent. — L'Hermite en queste. Deux pièces
     gravées par Girardet et un anonyme.
     Très-belles épreuves avec marges.

LE BRUN (d'après Mme) Vigée.

244. Monseigneur le Dauphin et Madame, fille du roi, gravé
     par Blot.
     Très-belle et rare épreuve avant la dédicace.

245. Portrait de feu madame la duchesse de Polignac, gravé
     par Fisher. In-4.
     Très-belle épreuve d'un portrait intéressant et rare.

246. Madame la comtesse Marianne Esterhazy.
     Superbe et très-rare épreuve avant toutes lettres. Marge.

247. La Comtesse Élisabeth Rasumossky, par F.-V. Durmer.
     Superbe épreuve avant la lettre. Rare.

248. La Vertu irrésolue, par Dennel.
     Très-belle épreuve avant toutes lettres.

LE JEUNE (d'après).

249. Louis XVI à l'Assemblée nationale accepte solen-
nellement la Constitution le 14 septembre 1791 ; gravé
par David.
>   Très-belle épreuve avec une grande marge.

LE NAIN (d'après).

250. Honny soit qui mal y pense (le marchand de Cornes),
gravé par F. Hubert.
>   Très-belle et rare épreuve avant la lettre.

LE PAON (d'après).

251. Revue de la maison du roi au Trou d'Enfer, par J.-P. Le
Bas.
>   Superbe épreuve avant toutes lettres. La marge inférieure
>   est couverte de salissures de burin. Très-rare en cet état.

252. La même estampe.
>   Très-belle épreuve.

LE PEINTRE (d'après Ch.).

253. La Cage symbolique, par Fessard.
>   Très-belle épreuve avec marge.

LE PRINCE (d'après J.-B.).

254. L'Amour à l'espagnole, par A. de Saint-Aubin et N. Pru-
neau.
>   Très-belle épreuve avec toute sa marge.

255. Bain public de Russie, par Ph. Le Bas.
>   Deux épreuves dont l'une est à l'état d'eau-forte. Rare.

256. La Crainte, par N. Le Mire.
>   Très-belle épreuve avant la dédicace, a quelques déchirures.

257. La Précaution inutile, par Helman.
>   Deux épreuves, dont l'une très-rare est à l'état d'eau-forte.

LOUVION (par et d'après).

258. Louis XVI, roi de France, médaillon ovale reposant sur
le marbre d'un tombeau.
Très-belle épreuve.

MALLET (d'après).

259. Le voulez-vous plus long? — Les Promesses de l'amour.
— Le Départ du soldat. Trois pièces gravées par Roy,
Beljambe et Guyard.
Belles épreuves.

260. Le Joket, gravé au pointillé par un anonyme.
Belle épreuve avec une grande marge.

261. Un jeune garçon embrasse la main d'une jeune dame
debout au milieu de la composition; au fond et tour-
nant le dos, un jeune homme est assis, près d'une
table sur laquelle se voient une théière et deux tasses;
gravé par Armano.
Très-belle épreuve avant toutes lettres. Très-rare.

MARCHAND (par et d'après).

262. Les Amusements espagnols. — Les Approches de la
guinguette. Deux petites pièces faisant pendants.
Très-belles épreuves avec toutes leurs marges.

263. L'Heureux Moment.
Très-belle épreuve. Rare.

MASSARD (Louise).

264. Henri IV à Louis XVI. — L'Impératrice (Marie-Thérèse
d'Autriche) à sa fille (Marie-Antoinette, reine de
France). Deux pièces allégoriques faisant pendants.
Très-belles épreuves avec toutes leurs marges.

MARTIN (d'après E.).

265. Les Confidentes, ou le Billet doux. Très-jolie pièce gravée
à la manière noire par J. Watson.
Très-belle épreuve.

MARTINET (à Paris, chez).

266. Le Sommeil favorable. — Le Réveil inopportun. Deux pièces, de forme ovale dans des cadres ornementés, faisant pendants.
Très-belles épreuves avec de très-grandes marges.

MERCIER (d'après).

267. Le Jeune Éveillé, par Avril.
Belle épreuve avec marge.

MOITTE (d'après P.-L.).

268. Le Bouquet déchiré. — La Curiosité punie. Deux pièces faisant pendants, gravées par Deny.
Très-belles épreuves. La dernière a une très-grande marge.

269. Le Jaloux endormi. — L'Infidélité reconnue. Deux pièces, faisant pendants, gravées par Vidal et Dembrun.
Très-belles épreuves avec de grandes marges.

MONNET (d'après C.).

270. Les Baigneuses surprises, par Vidal.
Très-belle épreuve avant la lettre et avant les changements dans les cheveux.

MONNET.

271. Jupiter et Io. — Jupiter et Antiope. Deux pièces faisant pendants, gravées par Vidal.
Belles épreuves.

MONNET.

272. Les Vœux du peuple, confirmés par la religion, par Née et Masquelier. Pièce allégorique sur Louis XVI et Marie-Antoinette.
Superbe épreuve avant toutes lettres, seulement les noms des artistes tracés à la pointe. Rare.

MOREAU (J.-M.).

273. Le Sicilien (pour les œuvres de Molière, édition de Bret).

> Très-belle et rare épreuve avant la lettre. Cette estampe est une des plus intéressantes de la suite, Moreau s'y étant représenté lui-même sous le personnage du peintre.

274. J. Baron de la Borde, premier valet de chambre ordinaire du roi, d'après Denon, 1770.

> Superbe épreuve avec marge.

275. Louis XV, conduit par l'Immortalité vers un temple où sont les statues de ses prédécesseurs au trône de France. Pièce allégorique gravée d'après Restout.

> Très-rare épreuve à l'état d'eau-forte. Marge.

276. Le Festin royal. — Le Bal masqué. Deux pièces faisant pendants.

> Belles et anciennes épreuves.

277. Ouverture des États-Généraux à Versailles, le 5 mai 1789. — Constitution de l'Assemblée nationale et serment des députés qui la composent à Versailles, le 17 juin 1789. Deux pièces faisant pendants.

> Très-belles épreuves avec de grandes marges. Très-rares à rencontrer en aussi belle condition.

278. Tombeau de J.-J. Rousseau à Ermenonville.

> Très-rare épreuve à l'état d'eau-forte. Sans marge.

279. Décoration du sacre de Louis XVI, roi de France et de Navarre, à Reims, le 11 juin 1775.

> Très-belle épreuve avec toute sa marge.

MOREAU (d'après J.-M.).

280. Couronnement de Voltaire, par Gaucher.

> Très-belle épreuve avec les armes et la dédicace. Grande marge.

281. La même estampe.

> Belle et ancienne épreuve avec les armes et la dédicace effacées.

282. Les Dernières Paroles de J.-J. Rousseau, par Gutenberg.

> Très-belle épreuve.

MORLAND (d'après).

283. *The fair nun unmas'd.* Pièce gravée à la manière noire.

> Très-belle épreuve.

MOUCHET (d'après).

284. L'Illusion, gravé par R... et D...

> Très-belle et rare épreuve avec l'encadrement. Grande marge.

285. Couchez là, par L. Darcis.

> Très-belle épreuve avec une très-grande marge.

NODET (d'après).

286. Vue de la grande parade par le premier consul, tous les 15 de chaque mois dans la cour des Tuileries; gravé par Le Grand.

> Belle épreuve.

OUDRY (d'après J.-B.).

287. Tircis et Amarante (fables de la Fontaine), gravé par Le Mire.

> Très-rare épreuve à l'état d'eau-forte. Marge.

PATAS (par et d'après).

288. Mlle Colombe l'aînée, de la Comédie-Italienne. In-fol.

> Très-belle épreuve avec marge.

PETERS (d'après F.-L.).

289. La Petite Marchande de carpes, par Le Vasseur.

> Très-belle épreuve.

290. La Jeune Dévideuse, par Chevillet.

> Très-belle épreuve avec marge.

PETERS (d'après W.).

291. *Love in her eye sits playing*, par J.-R. Smith.
Belle épreuve, sans marge.

292. *A Parmesan Lady. — A Cremonese Lady. — A Venitian Lady. — A Sclavonian Lady.* Quatre pièces gravées à la manière noire par J.-R. Smith.
Très-belles épreuves.

QUEVERDO (d'après J.-M.).

293. Les Aveux sincères, ou les Accords de mariage, par Martini.

294. Le Couché de la mariée, par Patas.
Très-belle épreuve avec une très-grande marge.

295. Le Levé de la mariée, par Dembrun.
Très-belle épreuve.

296. La Jouissance, par Martini.
Superbe épreuve avec une très-grande marge.

297. Le Repos, par Dambrun.
Superbe épreuve avec toute sa marge.

298. Le Départ pour le sabat, par Maleuvre.
Très-belle épreuve.

299. Le Joueur de quilles, par Droyer.
Très-belle épreuve.

300. La Fille surprise, par Patas.
Très-belle épreuve.

301. Le Prélude. — L'Amoureux. Deux charmantes pièces, de forme ovale dans des encadrements ornementés, faisant pendants, gravées par Droyer et Chatelain.
Très-belles épreuves avec marges. Rares.

302. Les Amours du bocage. — Les Baigneuses champêtres. Deux pièces, de forme ovale dans des encadrements ornementés, faisant pendants, gravées par Dembrun.
Très-belles épreuves.

303. Les Quatre Saisons. Suite de quatre petites pièces ovales dans des cadres ornementés, gravées par Dembrun.

Très-belles épreuves. Rares à trouver réunies.

304. Les Quatre Saisons. — Minerve qui protège les arts. — Vénus et Mars. Suite complète de six pièces, arabesques en hauteur.

Très-belles épreuves avec de petites marges. Rares.

QUEVERDO (d'après).

305. Dans un riche intérieur. Un jeune homme, assis près d'une jeune dame, lui presse tendrement la main.

Superbe épreuve, avant toutes lettres, d'une très-jolie pièce. Très-rare.

306. Une Jeune Dame en déshabillé galant est à sa toilette. Un jeune homme, assis près d'elle, l'attire vers lui.

Très-rare épreuve avant toutes lettres, a été coloriée.

RAMSAY (d'après A.).

307. Lady Georges Lenox, gravé à la manière noire par R. Houston. Petit in-fol.

Superbe épreuve.

RAOUX (d'après J.).

308. Le Rendez-vous agréable, par Beauvarlet.

Très-belle épreuve.

REGNAULT (N.-F.).

309. Ah ! s'il s'éveillait !

Très-belle épreuve avec une grande marge.

310. Jupiter enlève Io, par Blot.

Belle épreuve avec toute sa marge.

REYNOLDS (d'après S.-J.).

311. Comtesse Spencer, gravé par Bonnefoy.

Belle épreuve avec une grande marge.

312. Lady Smith et ses enfants, par Bartolozzi.
Superbe et rare épreuve avant la lettre. Marge.

SAINT-AUBIN (A. DE).

313. Jupiter et Léda, d'après P. Veronese.
Très-belle épreuve.

314. Le Réfractaire amoureux. — C'est sur cet autel où je prête le serment.
Très-belle épreuve avant le nom de Saint-Aubin et avant que le jeune abbé ait été remplacé par un officier.

SAINT-AUBIN (d'après A. de).

315. Le Bal paré. — Le Concert. Deux pièces faisant pendants, gravées par Duclos.
Très-belles épreuves avec l'adresse de Chereau.

316. Tableau des portraits à la mode. Copie de même grandeur que l'estampe originale.
Très-belle épreuve.

317. Lse-Ee baronne de.... Adrienne-Sophie, marquise de.... Deux pièces faisant pendants.
Très-belles épreuves avec de grandes marges.

318. Bal de Saint-Cloud, par Fessard.
Très-belle épreuve.

319. C'est ici les différents jeux des petits polissons de Paris. Suite de six pièces.
Très-belles épreuves. Ces estampes, dont les planches existent encore. sont très-rares à rencontrer en anciennes épreuves.

SAINT-AUBIN (G. DE).

320. Tancrède (de B. 35²). Pièce gravée à l'eau-forte.
Très-belle épreuve.

SAINT-AUBIN (d'après G. de).

321. La Guinguette. Divertissement pantomime du Théâtre Italien, gravé par Basan.
Très-belle épreuve.

SAINT-QUENTIN (d'après).

322. La Coquette du village, par Anselin. ————————
    Très-belle épreuve avec toute sa marge.

SCHENAU (d'après J.-E.).

323. L'Amour fixé. — La Fille rusée. Deux pièces gravées par Gaillard et Prévost.
    Belles épreuves.

324. La Dame bienfaisante, par Demautort.
    Très-belle épreuve.

325. La Naissance des Désirs. — L'Innocence vengée. Deux pièces faisant pendants, gravées par Mesnil.
    Très-belles épreuves.

SMITH (d'après).

326. *Louisa. — Thoughts on matrimony.* Deux pièces de forme ovale faisant pendants, gravées par Ward.
    Très-belles épreuves.

SWEBACH-DESFONTAINES (d'après).

327. Le Café des Patriotes, par Morret.
    Très-belle épreuve avant toutes lettres. Dans cet état, les deux gardes nationaux que l'on voit à gauche et celui du milieu sont coiffés de bonnets à poils. Très-rare.

TANCHE (d'après N.).

328. Le Danger des bosquets, par Le Beau. ————
    Très-belle épreuve avec marge.

TARAVAL (d'après).

329. Le Doux Sommeil, par Guyot.
    Très-belle épreuve.

TISCHEBIEN (d'après).

340. La Promesse du retour, par David.
    Belle épreuve.

TOUZÉ (d'après J.-L.).

341. La Présidente Tourvel, gravé par R. Girard. —
Très-belle épreuve.

TRINQUESSE (d'après L.-R.).

342. L'Irrésolution ou la Confidence, par J.-A. Pierron. —
Très-belle épreuve avec toute sa marge.

343. La Sortie du bain, par Lempereur.
Très-belle épreuve.

TROTT (par et d'après).

344. Différentes vues du jardin des Tuileries à l'époque du
Directoire. Suite très-intéressante de huit pièces
gravées à la manière noire.
Très-belles épreuves avec de grandes marges. Rares.

V*** (par et d'après).

345. L'Innocence parisienne ou la Marchande de carlins.
Pièce gravée à la manière noire.
Très-belle épreuve avec une grande marge. Rare.

VALPERGA (L.).

346. La Correction conjugale, d'après A. E. G. —
Très-belle épreuve avant la lettre. Rare.

VANLOO (d'après C.).

347. Le Coucher, par Porporati.
Très-belle épreuve avant toutes lettres.

348. Madame de Pompadour en belle jardinière, gravé par
Anselin. Petit in-fol.
Très-belle épreuve avec marge.

349. La Sultane. (Portrait de Mme de Pompadour.) — Les Confidences. Deux pièces faisant pendants, gravées par Beauvarlet.

Superbes épreuves avant toutes lettres. Rares en cet état.

VAN-GORP (d'après).

350. Ils sont éclos, par Honoré.

Très-belle épreuve.

VERNET (d'après P.).

351. L'Agréable Société. — L'Officier en promenade du midi. — Promenade du soir. Trois pièces gravées à l'eau-forte par Moreau et terminées par Le Bas.

Très-belles épreuves. Les deux dernières ont de la marge.

VIGNETTES.

352. Le Lever de la mariée. — Le Coucher de la mariée. — Le Repos interrompu. — Les Charmes de la liberté, etc. Huit pièces in-12, avec le texte en regard sur la même feuille.

Très-belles épreuves. Rares.

VINKELES (par et d'après).

353. Bal donné à Amsterdam le 2 juillet 1768.

Très-belle épreuve.

354. Fête de la liberté célébrée à Amsterdam le 4 mars 1795, d'après Kuyper.

Très-belle épreuve.

WATTEAU (d'après L.).

355. La Quatorzième Expérience aérostatique de M. Blanchard, faite à Lille le 26 août 1785, gravé par Helman.

Très-belle épreuve avec marge.

WILLE fils (par et d'après P.-A.).

356. Petit Vaux-Hall.
> Très-belle et ancienne épreuve.

WILLE fils (d'après P.-A.).

357. La Double Récompense du mérite, par Avril le fils.
> Très-rare et curieuse épreuve à l'état d'eau-forte.

358. L'Essai du corset. — Dédicace du poème épique. Deux pièces, faisant pendants, gravées par A.-F. Dennel.
> Très-belles épreuves avec toutes leurs marges.

359. Goûté champêtre. — Concert champêtre. Deux pièces, faisant pendants, gravées par Halm.
> Très-belles épreuves.

360. La Mère mécontente. — Les Vieux Amateurs. Deux pièces gravées par Ingouf et Claussin.
> Belles épreuves.

PIÈCES IMPRIMÉES EN COULEURS.

ALIX (G.-M.).

361. J.-B. Poquelin de Molière, d'après Garneray ; sur le socle une scène de Tartuffe. In-4.

Très-belle et rare épreuve avant toutes lettres.

362. Joseph Barra. — J. Agricola Viala. Deux pièces faisant pendants, gravées d'après Garneray et Sablet.

Très-belles épreuves. Rares.

ALIX et A. BRICEAU.

363. J.-P. Marat. Deux portraits différents.

Très-belles épreuves.

ANONYMES.

364. Le Logeur ou les effets des vertus hospitalières de Paris. Pièce très-curieuse comme costumes et comme scène de mœurs. Au bas, dans le coin gauche, l'artiste s'est représenté, en charge, sous la forme d'un chien dessinant la scène qu'il a sous les yeux.

Très-belle épreuve. Très-rare.

365. Le Sultan parisien, ou l'Embarras du choix. Pièce très-curieuse, faisant pendant à la précédente.

Très-belle épreuve. Très-rare.

366. L'Officier pressant. — Le Bouquet défendu. Deux charmantes petites pièces de forme ovale, très-bien gravées dans la manière de Janinet et très-intéressantes comme costumes.

Très-belles épreuves avant toutes lettres. Rares.

BARTOLOZZI (F.).

367. Jeune Fille assise près de son rouet, d'après J.-H. Benwell.

Très-belle épreuve avant la lettre, tirée en bistre. Grande marge.

BAUDOUIN (d'après P.-A.).

368. Le Désir amoureux, par Mixelle (E.-B. 19).

Très-belle et rare épreuve du 1er état, avant que les têtes des deux amants aient été remplacées par des colombes.

369. Le Goûter, par Bonnet (E. B. 24).

Très-belle épreuve. Rare.

370. J'y vais, par L. Marin (E. B. 26).

Très-belle épreuve du 1er état, avec le nom du graveur écrit Le Marin, au lieu de L. Marin.

371. Qu'est-là? par L. Marin (E. B. 39).

Très-belle épreuve avec toute sa marge.

BERTAUX (d'après DUPLESSIS-).

372. Elleviou, aux Champs-Élysées.

Belle épreuve coloriée.

BIGG (d'après W.-R.).

373. A Village girl gathering nuts, par W. Tomkins.

Très-belle épreuve, tirée en bistre.

BOILLY (d'après L.).

374. Avant la toilette.

Belle épreuve.

375. L'Amusement de la campagne. — La Précaution. Deux pièces faisant pendants, gravées par Tresca.

Belles épreuves.

376. Les Conseils maternels, par Tresca.

Très-belle épreuve, tirée en bistre.

377. La Douce Résistance, par Tresca.

Très-belle épreuve.

378. La Douce Impression de l'harmonie. — Suite de la Douce impression de l'harmonie. Deux pièces faisant pendants, gravées par Wolff.
Très-belles épreuves avec de grandes marges.

379. La Jarretière, par Tresca.
Très-belle épreuve avec une grande marge.

380. Nous étions deux, nous voilà trois, par Vidal.
Belle épreuve.

380*bis*. Première scène de voleurs. — Deuxième scène de voleurs. Deux pièces faisant pendants, gravées par Gros.
Très-belles épreuves avec toutes leurs marges.

381. Qu'elle est gentille!
Très-belle épreuve. Les noms des artistes ont été grattés.

382. Le Sommeil trompeur. — Le Réveil prémédité. Deux pièces faisant pendants, gravées par Wolff.
Très-belles épreuves avec de grandes marges.

383. La Tourterelle chérie, par Allais. Grande pièce en largeur.
Très-belle épreuve. Rare.

BOLT (J.-F.).

384. Portrait de Charlotte Corday. Berlin, 1793. — Petit médaillon ovale.
Très-belle épreuve tirée en bistre. Très-rare.

BONNET (L.-M.).

385. L'Aimable Famille. — L'Aimable Société. Deux pièces faisant pendants, gravées d'après Humbert.
Très-belles épreuves.

386. Le Chat au guet.
Très-belle épreuve.

387. Le Déjeuné.
Très-belle épreuve avec une grande marge.

388. Les Engagements réciproques. — La Promesse de fidélité. Deux jolies pièces, de forme ovale, faisant pendants.
Très-belles épreuves. Rares.

BONNIEU (d'après).

389. L'Espoir d'un heureux jour, par L. Marin.
Très-belle épreuve avec toute sa marge.

BOSIO (d'après D.).

390. La Lanterne magique.
Très-belle et très-fraîche épreuve avec une grande marge.

BRICHE (d'après).

391. La Ravaudeuse, par Mallet.
Très-belle épreuve.

BRION (d'après).

392. La Réponse embarrassante, par Chapuy.
Très-belle épreuve.

CARESME (d'après).

393. Le Réveil du Carlin, par Carrée.
Très-belle épreuve.

CARICATURES.

394. Les Montagnes russes au Vaudeville. — Les Montagnes
russes aux Variétés. — Le Délassement des politiques.
— Le Suprême bon Ton actuel, etc. Sept pièces curieuses.
Belles épreuves.

CARRÉ.

395. Vue perspective de la fontaine des Innocents.
Très-belle épreuve avec une grande marge.

CHALLE (d'après M.-A.).

396. La Belle Toilette, par Bonnet.
Très-belle épreuve avec marge.

397. Les Désirs de l'amour, par Legrand.
Très-belle épreuve tirée en bistre.

398. Le Matin, par Bonnet.
Très-belle épreuve.

399. Le Panier renversé, par Ruotte.
Belle épreuve.

400. Le Portrait chéri, par Bonnet.
Très-belle épreuve.

401. La Dispute du chien et du chat. — Le Souvenir agréable.
Deux jolies pièces de forme ovale, gravées par Vidal.
Très-belles épreuves remargées. Rares.

402. Quand l'hymen dort, l'amour veille; par Mauclerc.
Très-belle épreuve.

403. La Saison des amours, par Legrand.
Belle épreuve.

404. Le Télégraphe de l'amour. — Le Petit Redresseur de
quilles. Deux pièces faisant pendants, gravées par Alix.
Très-belles épreuves.

CHARLIER (d'après).

405. Vénus sur un Dauphin. — Le Repos de Diane. Deux
petites pièces gravées par Jubier et Bonnet.
Très-belle épreuve.

CHAPUY.

406. Barrière des Champs-Élysées. — Premier May donné à
la ville de Paris par l'Assemblée nationale qui sup-
prime tous les droits d'entrées aux barrières.
Très-belle épreuve.

407. Le Moraliste.
Très-belle épreuve. Rare.

CHEVAUX (d'après).

408. La Bonne ruse. — Le Bon accord. Deux petites pièces,
de forme ovale, faisant pendants, gravées par Bonnet.
Très-belles épreuves.

409. Le Douce Illusion, par Girard.
Très-belle épreuve tirée en bistre.

440. Le Galant Cordonnier.
Très-belle épreuve.

411. La Souricière. — La Savonneuse. Deux pièces, faisant pendants, gravées par Motey.
Très-belles épreuves. Rares.

COUTELLIER (par et d'après).

412. Mlle Contat, de la Comédie-Française, dans le rôle de Suzanne du Mariage de Figaro. In-4.
Superbe épreuve coupée à l'ovale.

413. Mlle Ollivier de la Comédie-Française dans le rôle de Chérubin du Mariage de Figaro.
Très-belle épreuve.

DAGATY (par et d'après).

414. Entrée de Piccadilly du côté de Hyde-Park. — Entrée de Saint-Georges-road avec une vue du Cirque Royal. Deux pièces.
Très-belles épreuves avec toutes leurs marges.

DEBUCOURT (P.-L.).

415. Annette et Lubin.
Très-belle épreuve.

416. Le Compliment ou la Matinée du jour de l'an.
Superbe épreuve du 1er état, avec le nom de Debucourt tracé à la pointe, et avant son adresse. Rare.

417. Frascati.
Très-belle épreuve, sans marge.

418. Le Menuet de la mariée.
Superbe épreuve, tirée avec un cache-lettre. Grande marge.

419. La Noce au château.
Très-belle épreuve.

420. L'Oiseau ranimé.
Très-belle épreuve de l'estampe la plus rare de l'œuvre de Debucourt. Remargée.

421. La Promenade publique.
Très-belle épreuve.

422. L'Oiseau privé. — Pauvre Annette. Deux pièces faisant pendants.
Belles épreuves.

423. Modes et manières du jour. Nos 1, 14, 15 et 36. Quatre pièces.
Très-belles épreuves.

424. Modes. Deux pièces.

425. Elle est prise.
Très-belle épreuve avec une grande marge. Elle a quelques retouches au pinceau.

426. Il est pris.
Très-belle épreuve.

427. L'Hiver.
Très-belle épreuve avant la lettre. Grande marge.

428. Suite de huit estampes in-4, pour l'illustration du poème : *Héro et Léandre, Paris, F. Didot*, 1801.
Superbes épreuves avant la lettre. Rares en cet état.

429. Route de Saint-Cloud, d'après C. Vernet.
Belle épreuve.

430. Route de Poissy, d'après C. Vernet.
Belle épreuve.

431. Marchand de vin des environs de Rome, d'après C. Vernet.
Très-belle épreuve avec marge.

432. Route de Naples, d'après C. Vernet.
Très-belle épreuve.

433. Les Joueurs de boules, d'après C. Vernet.
Très-belle épreuve.

434. Le Joueur de cornemuse d'après C. Vernet.
Très-belle épreuve.

20. —
435. La Marchande d'eau-de-vie d'après C. Vernet. — *Delaux*
Belle épreuve, sans marge.

436. Le Cosaque galant, d'après C. Vernet.
Belle épreuve.

437. Famille écossaise, d'après C. Vernet.
Très-belle épreuve.

438. Militaires écossais, d'après C. Vernet.
Très-belle épreuve.

26. —
439. Officiers anglais et écossais, d'après C. Vernet. — *Girard*
Très-belle épreuve.

440. Artilleur et Chasseur anglais, d'après C. Vernet.
Très-belle épreuve.

441. Militaires anglais, d'après C. Vernet.
Très-belle épreuve.

442. Artilleur anglais, d'après C. Vernet.
Très-belle épreuve.

20.
443. Le Courrier anglais, d'après C. Vernet. *Girard*
Très-belle épreuve.

444. Promenade d'officiers anglais, d'après C. Vernet.
Très-belle épreuve.

445. Officier anglais se rendant à une partie de plaisir, d'après
C. Vernet.
Très-belle épreuve.

28.
446. Marche d'officiers anglais, d'après C. Vernet. *Girard*
Très-belle épreuve.

447. Tambours russes et anglais, d'après C. Vernet.
Très-belle épreuve.

448. Cosaque régulier de la garde, d'après C. Vernet.
Très-belle épreuve.

449. Cosaques au bivac, d'après C. Vernet.
Très-belle épreuve.

450. Le Kalmouk, d'après C. Vernet.
Très-belle épreuve.

451. Militaires de la garde impériale russe et allemande.
Très-belle épreuve.

452. Uhlan prussien, d'après C. Vernet.
Très-belle épreuve.

453. Officiers prussiens, d'après C. Vernet.
Très-belle épreuve.

454. Officier de dragons danois, d'après C. Vernet.
Très-belle épreuve.

455. Cuirassier français, d'après C. Vernet.
Très-belle épreuve.

456. Cuirassier prussien, d'après C. Vernet.
Très-belle épreuve.

457. Houssard français, d'après C. Vernet.
Très-belle épreuve.

458. Houssard autrichien, d'après C. Vernet.
Très-belle épreuve.

459. Garde national à cheval, d'après C. Vernet.
Très-belle épreuve.

460. Dragon et Lancier de la garde royale française.
Très-belle épreuve.

461. Mameluck, d'après C. Vernet.
Très-belle épreuve.

462. Mameluck, porte-étendard, d'après C. Vernet.
Très-belle épreuve.
Les trente-quatre pièces précédentes (Nos 429 à 462), quoique
collées en plein, sont en bon état.

463. Avant la course, d'après C. Vernet.
Très-belle épreuve, avant la lettre. Rare.

464. Le Bouquet d'une maman. 1806.
Très-belle et rare épreuve avant la lettre.

465. Le Canal.
Très-belle épreuve avec une petite marge. Rare.

466. Elle est prise.
Très-belle épreuve avec une grande marge.

467. L'Enfant soldat, ou les Amusements de famille. -
   Belle épreuve avec marge.

468. Pauvre Annette.
   Très-belle épreuve.

469. La Rose mal défendue.
   Très-belle épreuve.

470. Ils sont heureux.
   Belle épreuve.

471. Le Tailleur.
   Très-belle épreuve avec marge.

DEBUCOURT (d'après).

472. Vive le roy, par A. Legrand.
   Très-belle épreuve avec le premier texte et avant de nombreux changements. C'est notamment le portrait de Louis XVI
   que le colporteur montre aux paysans assemblés.

473. La Rose mal défendue. Charmante petite pièce gravée
   en réduction de l'estampe originale.
   Très-belle épreuve.

474. L'Heureuse Famille. — Le Juge ou la Cruche cassée.
   Deux pièces gravées par Robinson et Le Veau.
   Très-belles épreuves.
   Les douze pièces précédentes (Nº 463 à 474) sont tirées en
   noir.

DELORME (d'après).

475. Nécessité n'a pas de loi, par Mlle Papavoine.
   Belle épreuve coloriée.

DÉMARTEAU (G.).

476. Léda. — Érigone. Deux pièces faisant pendants, gravées
   à plusieurs crayons, d'après F. Boucher et Le Barbier.
   Très-belles épreuves.

DIVERS.

477. Bustes de la République. — La Naissance de Lisette. — Jugement de Pâris. — La Ruse d'amour. — Le Larcin d'amour. — Le Puits d'amour, etc. Quatorze pièces, médaillons et dessus de tabatières.

Très-belles épreuves.

478. S'il mordait. — Il le prend. — La Jeune Bouquetière. — La Leçon d'amour, etc. Six petites pièces en forme de médaillons.

Très-belles épreuves.

DROLLING (d'après).

479. Le Chapeau. — Le Vieillard. Deux pièces faisant pendants, gravées par Perdriau.

Très-belles épreuves. Rares.

DUTAILLY (d'après).

480. La Promenade du matin, par Chaponnier.

Très-belle épreuve avec marge.

ÉCOLE ANGLAISE.

481. *Indifferent society*. Un vieux monsieur s'endort près d'une jeune dame jouant de l'orgue.

Très-belle épreuve.

482. Almeida. — Lucie de Leicester. — Hésitation. Quatre jolies pièces, portraits de femmes à mi-corps, gravées par Ward et Prattent.

Très-belles épreuves.

483. La Jolie Brunette. — Janvier et May. — Buxoma. Portraits de femmes. Cinq pièces.

Très-belles épreuves.

FRAGONARD (d'après H.).

484. L'Amour. — La Folie. Deux pièces, de forme ovale, faisant pendants, gravées par Janinet.

Superbes épreuves de la plus grande fraicheur. Toutes marges.

485. L'Illusion, par Janinet.

Très-belle épreuve sans marge. Rare.

FRAGONARD et TOUZÉ (d'après).

486. Le Verrou. — L'Amant victorieux. Deux pièces faisant pendants, gravées par Le Beau.

Belles épreuves coloriées.

GAUGAIN (F.).

487. *The Amorous Buck.*

Très-belle épreuve, tirée en bistre

HICKEL (d'après A.).

488. *Sophia laughs.* — *The Nigh beauty.* Deux pièces, faisant pendants, gravées par Benedetti.

Très-belles épreuves.

HOLLAND (chez W.).

489. La Vente des beautés anglaises dans les Indes orientales.

Très-belle épreuve d'une pièce curieuse et rare.

HUET (d'après J.-B.).

490. L'Amant couronné, par B.-A. Patron.

Belle épreuve. Sans marge.

491. L'Amant pressant, par Legrand.

Très-belle épreuve.

492. La Belle Cachette, par Bonnet.

Très-belle épreuve.

493. La Colère feinte. — L'Heureuse Distraction. Deux pièces ovales, faisant pendants (réductions de l'Amant écouté et de l'Éventail cassé).
Très-belles épreuves.

494. Le Dîner, par Bonnet.
Très-belle épreuve avec marge.

495. Le Déjeuner. — Le Souper. Deux pièces gravées par Bonnet.
Très-belles épreuves.

496. Déesses et Amours. Jolie pièce de forme ovale, gravée par Leveillé (n° 608).
Très-belle épreuve.

497. L'Heureux Chat, par Bonnet.
Très-belle épreuve.

498. Hercule et Omphale, par Demarteau.
Superbe épreuve avant toutes lettres. Rare.

499. Jupiter et Danaé, par Demarteau.
Très-belle épreuve.

500. Les Présents du jour de l'an, par Bonnet.
Très-belle épreuve avec marge.

501. La Raccommodeuse de dentelle, par Bonnet.
Très-belle épreuve avec toute sa marge.

502. Vénus au bain. Charmante petite pièce gravée par Demarteau.
Très-belle épreuve. Rare.

503. Vénus enflammée par l'Amour. — L'Amour prie Vénus. Deux pièces faisant pendants, gravées par Bonnet.
Très-belles épreuves.

HUET et CAREME (d'après).

504. La Troupe ambulante des rues de Paris. — Le Marchand d'orviétan de campagne. Deux pièces faisant pendants, gravées par Bonnet.
Très-belles épreuves.

4

INCROYABLES (pièces sur les).

505. Incroyables dans le jardin des Tuileries, par Le Beau. —
(Réduction en ovale des Croyables du Péron.)
   Très-belle épreuve avant toutes lettres, tirée en bistre. Toute
marge.

JANINET (F.).

506. Portrait de Marie-Antoinette, reine de France et de Navarre. 1777.
   Très-belle épreuve sans marge.

507. Nina, d'après Hoin. (Portrait de M*** Dugazon, dans le
rôle de Nina ou la Folle par amour.)
   Superbe épreuve. Rare.

508. La même estampe.
   Très-belle épreuve. Sans marge.

509. Vénus désarmant l'Amour, d'après Charlier.
   Très-belle épreuve avec marge.

510. Le Sommeil d'Ariane, d'après Charlier.
   Très-belle épreuve avec marge.

511. La Bacchante enivrée. — Le Satyre amoureux. Deux
pièces faisant pendants, gravées d'après Caresme.
   Très-belles épreuves.

512. La Confiance enfantine. — La Crainte enfantine. Deux
pièces faisant pendants, gravées d'après Freudeberg.
   Très-belles épreuves.

513. Les Trois Grâces, d'après Pellegrini.
   Superbe épreuve avant toutes lettres et avant la guirlande
de roses. Toute marge.

514. L'Aimable Paysanne, d'après Saint-Quentin.
   Très-belle épreuve.

515. Hébé, d'après Le Barbier.
   Très-belle épreuve.

516. L'Age d'or (le Paradis terrestre), d'après Le Barbier.
   Très-belle et rare épreuve avant toutes lettres.

517. Tarquin et Lucrèce. — Joseph et Zaluca. Deux pièces
faisant pendants, gravées d'après Ch. Eisen.
>Très-belles épreuves; la dernière a une grande marge.

518. Mlle Colombe. — Mme Vestris. — Mlle Olivier. Trois
portraits en pied d'artistes dans différents rôles.
>Très-belles épreuves.

519. L'Oiseau privé.
>Très-belle épreuve; rare à trouver tirée en noir. Grande
marge.

JAZET (J.-P.-M.).

520. Le Départ pour le marché. — Le Marché conclu. Deux
pièces faisant pendants.
>Très-belles épreuves avec marges.

JOLLAIN (d'après).

521. Le Bain, par Bonnet.
>Très-belle épreuve.

522. La Toilette, par Bonnet.
>Très-belle épreuve.

LAWREINCE (d'après N.).

523. L'Aveu difficile, par Janinet. (E. B. 8.)
>Superbe et très-rare épreuve avant toutes lettres; seulement
le nom de Janinet tracé à la pointe. Elle a toute sa marge et
est de la plus grande fraîcheur.

524. La même estampe.
>Très-belle épreuve.

525. Le Bosquet d'amour, par Chapuy. (E. B. 11.)
>Très-belle épreuve du 1er état. Rare.

526. La même estampe.
>Très-belle épreuve d'un état non décrit, intermédiaire entre
le premier et le second; le premier titre est bien changé en :
Les trois Sœurs au Parc de Saint-Cloud, mais elle est avant
l'adresse de Constantin.

528. La Promenade au bois de Vincennes, par Chapuy. (E.
B. 50.)

Très-belle épreuve du 1er état. Rare.

529. La même estampe.

Très-belle épreuve du 2e état. Le premier titre changé en celui de : *Les Grâces Parisiennes* au bois de Vincennes et l'adresse de *Constantin* ayant remplacé celle de Gamble.

530. La Comparaison, par Janinet. (E. B. 12.)

Très-belle épreuve d'une grande fraîcheur. Grande marge.

531. Le Déjeuner anglais, par Vidal. (E. B. 17.)

Belle épreuve.

532. Les Deux Cages, ou la plus Heureuse, par de Bréa. (E.
B. 19.)

Très-belle épreuve.

533. Ah ! laisse-moi donc voir, par Janinet. (E. B. 2.)

Superbe épreuve de la plus grande fraîcheur. Toute marge.

534. Ha ! le joli petit chien, par Janinet. (E. B. 27.)

Très-belle épreuve.

535. L'Indiscrétion, par Janinet. (E. B. 30.)

Superbe et très-rare épreuve du 1er état, avant divers travaux, notamment avant qu'un des pieds de la femme qui est assise, ainsi que deux boucles de cheveux encadrant sa tête, aient été dessinés. Sans marge.

536. Nina, par Colinet. (E. B. 41.)

Très-belle épreuve, tirée en bistre.

537. Le Déjeuné. Une jeune dame, assise dans un fauteuil, se chauffe les pieds au feu et regarde un jeune homme appuyé sur un des côtés de la cheminée et tenant un livre à la main. Une soubrette apporte un guéridon sur lequel se trouve le déjeuné. Très-jolie composition de trois personnages, gravée au trait. Sur un écran que tient la jeune dame, on lit en caractères tracés à la pointe : *Soiron fecit* 1785 ; et au bas, sous le trait carré, en écriture manuscrite du temps : *D'après le tableau original de M. Lavreince, appartenant à M. Char-*

*les Francillon, marchand d'estampes, dessins et tableaux
au bas de la Cité, n° 33, à Genève. 1786.*

Trait parfaitement colorié que l'on peut considérer comme
une véritable gouache. De la plus grande rareté, sinon unique.

LAWREINCE (genre de).

538. Une Jeune Dame en déshabillé est surprise à sa toilette
par un jeune homme qui vient d'entrer.

Très-belle épreuve avant toutes lettres. Très-rare.

LE CLERC (d'après).

539. Le Jeu de dominos, par Bonnet.

Belle épreuve.

LE CŒUR (à Paris, chez).

540. L'Officier en semestre. — L'Écolier en vacances. — S'il
cassait. — Bon, t'y voilà. Quatre petites pièces de
forme ronde, faisant pendants.

Belles épreuves.

MALLET (d'après).

541. L'Impatience amoureuse, par de Sève.

Très-belle épreuve.

542. L'Impatience amoureuse. — Les Bonnes Amies. Deux
pièces faisant pendants, gravées par de Sève.

Très-belles épreuves tirées en bistre. Toutes marges.

543. Les Promesses de l'Amour. — Les Jeux de l'Amour.
Deux pièces faisant pendants, gravées par Beljambe.

Très-belles épreuves.

MARIN (L.).

544. *The Pretty noesgay Garle. — Provoking fidelity.* Deux
charmantes pièces, avec cadres ornementés rehaus-
sés d'or, gravées d'après Greuze et Parelle.

Très-belles épreuves. Rares.

MERELLE (d'après).

545. Le Sommeil interrompu, par d'Arcis.
Très-belle épreuve.

MIXELLE.

546. Candaule expose sa femme sans vêtements aux yeux de Gygès.
Très-belle épreuve avec marge.

MODES.

547. Costumes parisiens. 963 pièces.

An VII,	39 pièces.	An XI,	86 pièces.	1807,	83 pièces.
VIII,	88 —	XII,	86 —	1808,	84 —
IX,	69 —	XIII,	83 —	1809,	80 —
X,	82 —	XIV,	99 —	1810,	84 —

Suite très-rare à rencontrer aussi nombreuse. Les années an VII, VIII, IX, 1808 sont en feuille, les autres sont reliées. (Pourra être divisé.)

MOITTE (d'après).

548. La Légèreté punie, par Mlle Brinclaire.
Belle épreuve à la sanguine. Marge.

MONDHARE (à Paris, chez).

549. Mlle Colombe l'aînée, de la Comédie-Italienne. In-4.
Très-belle épreuve avec toute sa marge.

550. Mlle Julien, de la Comédie-Italienne. In-4.
Très-belle épreuve.

MONGIN (d'après).

551. Ah! ah! je vous y prends. Petite pièce de forme ovale, gravée au bistre par Beljambe.
Très-belle épreuve.

MONNET (d'après C.).

552. Le Larcin. — L'Amour est de tout âge. Deux pièces faisant pendants, gravées par Robillac.
Très-belles épreuves avec de très-grandes marges.

MORLAND (d'après G.).

553. *Cottagers,* par Ward. ————
Belle épreuve.

MOUCHET (d'après F.).

554. Les Chagrins de l'enfance, par Le Cœur. ————
Belle épreuve.

NOEL (d'après).

555. Vue de Paris, prise du Pont-Neuf, regardant du côté des Tuileries, gravé par F. Hegi.
Très-belle épreuve.

PASQUIER (d'après).

556. La Diseuse de bonne aventure. — L'Escamoteur. Deux pièces faisant pendants, gravées par Moret.
Très-belles épreuves avec marges.

POLLARD (d'après J.).

557. *The Royal mail starling from the general Post office, London.* Grande et curieuse pièce, gravée par R.-G. Reeves.
Très-belle épreuve.

QUEVERDO (d'après).

558. Le Dangereux Modèle. — La Fille surprise. Deux pièces faisant pendants, gravées par Patas.
Belles épreuves coloriées.

559. Les Trois Sœurs, par Girard.
Très-belle épreuve.

RAOUX (d'après J.).

560. Les Musiciennes, par J. Marin. ————
Très-belle épreuve.

REYNOLDS (S.-W.).

561. Béatrice, d'après Jakson.
Très-belle épreuve.

REYNOLDS (d'après J.).

562. Comtesse Spencer. — Miss Bingham. Deux pièces faisant pendants, gravées par Bartolozzi. — La Petite Fille au chat, par Vlénus. Trois pièces.
Très-belles épreuves ; la dernière est avant la lettre.

SAINT-AUBIN (A. de).

563. La Jardinière. — La Savonneuse. Deux pièces faisant pendants, gravées par Julien et Moret.
Très-belles épreuves collées et montées en dessins.

SERGENT (A.).

564. Il est trop tard.
Très-belle épreuve. Rare.

565. Portrait de M. de Necker, d'après Dupléssis.
Superbe épreuve avant toutes lettres autres que le nom de M. Necker dans le haut de la bordure. Marge. Rare en cet état.

SMITH ((d'après G.).

566. Western Exchange. — Old Bond Street, gravé par T. Sutherland.
Très-belle épreuve.

SWEBACH DESFONTAINES (d'après).

567. Le Café des Patriotes, grande nouvelle du Nord, par J.-B. Moret.
Très-belle épreuve.

568. Le Bal de la Bastille, par Le Cœur.
Très-belle épreuve.

TAUNAY (d'après).

569. Foire de village, par Descourtis.
    Superbe épreuve du 1er tirage avec les armes et avec la dédicace, lesquelles furent supprimées dans les épreuves suivantes.

570. La même estampe.
    Très-belle épreuve avec l'adresse de Descourtis.

TOWNE (d'après C.).

571. *Newton Races* (scène de courses), par Ch. Hunt.
    Très-belle épreuve.

VERNET (d'après H.).

572. Calèche à quatre chevaux menés en grandes guides. — Calèche à quatre chevaux attelés à la Daumont. Deux pièces faisant pendants, gravées par Le Vachez.
    Très-belles épreuves avec de grandes marges. Rares.

VILLENEUVE (de).

573. Il aime encore sa femme. — Seront-ils toujours d'accord? Deux petites pièces ovales faisant pendants, d'après Freudeberg.
    Très-belles épreuves.

VIVARES (chez).

574. La Pudeur alarmée.
    Très-belle épreuve avec marge.

WHEATLEY (d'après F.).

575. *All that of love*, etc., gravé par R. Stanier.
    Très-belle épreuve avec marge.

Paris. — Typ. G. Chamerot, 19, rue des Saints-Pères. — 7793.

81
121
40
31
60
78
176
41
53
681

4 619 1
3 7 1
1 8/9 5
6 8 85

M. Legrand 3 rue de Laval